D'ÉMILE BARBIER

NOTICE

LA VIE ET LA MORT

D'ÉMILE BARBIER

Membre de la 1re Division du Patronage
de N.-D. de la Guillotière

Son âme était agréable à Dieu ; c'est pourquoi il s'est hâté de le retirer de ce monde.

SAGESSE, IV, 14.

LYON

IMPRIMERIE MOUGIN-RUSAND

3, Rue Stella, 3

1879

NOTICE

SUR LA VIE ET LA MORT

D'ÉMILE BARBIER

Membre de la 1ʳᵉ Division du Patronage

de N.-D. de la Guillotière

> Son âme était agréable à Dieu ; c'est
> pourquoi, il s'est hâté de le retirer de
> ce monde. (SAGESSE, IV, 14.)

C'est une faveur de mourir jeune et de porter à son Créateur un cœur dont la pureté n'a pas été ternie par le souffle des passions. Il nous semble dur de quitter la vie à l'âge où l'on n'en voit que les douceurs, mais il est plus dur encore de la voir quitter à ceux dont la conduite est l'édification et l'exemple de tous, et tels qu'était notre ami, Émile Barbier, que Dieu vient de rappeler à Lui.

Lucien-Émile Barbier était né à Châsse (Isère),

le 26 décembre 1862. D'une santé très-délicate, il ne connut pas ces phases bruyantes de l'enfance où l'exubérance de la vie se manifeste par un besoin de mouvement, d'action, besoin que nous nous rappelons presque tous avoir ressenti.

Doux et tranquille, il ne quittait guère sa mère, et c'est sous cette intime influence que se développa cette douceur qui devait lui faire plus tard des amis de tous ses camarades. A deux ans, sa santé commença à être rudement éprouvée par une fluxion de poitrine, et depuis cette époque, il ne se passa pas d'année sans qu'une nouvelle maladie vînt douloureusement augmenter sa faiblesse native.

En 1868, ses parents quittèrent Châsse pour venir habiter Lyon. Émile fit alors ses premières études chez les Frères, mais sa santé fut un obstacle à sa persévérance, et il dut bientôt interrompre ses classes, et ne travailler qu'à la maison, recevant des leçons d'une personne, amie de sa famille.

A huit ans, se manifestèrent les premiers symptômes de la maladie qui devait l'emporter plus tard. Des vomissements de sang obligèrent ses parents à

l'envoyer à la campagne pour y fortifier sa santé
par un air plus pur et plus favorable. Au Pont-de-
l'Isère, dans sa famille paternelle, il continua son
instruction chez l'instituteur communal, et ce fut là
qu'il fit sa première communion, le 21 août 1873.

Ce fut un beau jour que celui où Dieu descendit
pour la première fois dans ce cœur si bien disposé à
le recevoir, et l'enrichit de toutes ses grâces.

Revenu à Lyon, Émile continua quelque temps à
travailler en particulier, puis il fréquenta l'école clé-
ricale de Saint-Louis.

Sur ces entrefaites, le Patronage de Notre-Dame
de la Guillotière fut inauguré, et le jour même
23 avril 1876, Émile y fit son entrée avec son frère.
C'est là qu'il nous fut donné de le connaître et d'ap-
précier la délicatesse de ce nouvel ami que Dieu
nous envoyait. Émile avait alors un peu plus de
treize ans. Ses traits sur lesquels se lisait une expres-
sion de souffrance rendue plus apparente par la dif-
ficulté qu'il éprouvait à parler un peu longuement,
attiraient tout de suite l'attention sur lui, et aussitôt
qu'on le connaissait, on l'aimait.

Nous avons parlé de sa douceur, disons quelques mots de son dévouement. D'un caractère naturellement sérieux, il ne s'était jamais senti beaucoup de goût pour les jeux, surtout pour ceux qui demandent un déploiement d'activité. Pourtant, malgré la fatigue évidente qu'il en ressentait, il s'y donnait de tout cœur, afin d'entraîner ses camarades par son exemple.

Son amour du travail était extrême : à peine revenu de l'atelier où il apprenait la bijouterie, il ne s'arrêtait dans sa famille que le temps de prendre son repas, et il revenait, quelque temps qu'il fît, suivre les cours du soir au Patronage.

Parlerons-nous ici de son cœur ? Émile vivait surtout par le cœur. Son amour pour le Patronage qu'il considérait comme une seconde famille, était sans bornes. Il lui semblait que quelque chose manquait à sa vie, les dimanches où sa santé ne lui permettait pas de s'y rendre. Tous, nous étions ses amis et ceux de nous qui ont eu le bonheur d'être plus avant dans son affection, savent quelle était la valeur de ce trésor.

Cependant son mal faisait des progrès, et vers le commencement de septembre dernier, un vomissement de sang comme ceux qu'il avait eus à huit ans, vint de nouveau mettre l'angoisse au cœur de sa famille.

Il fut administré, et aussitôt qu'il eût repris quelques forces, il partit pour la campagne. Les soins qu'il y reçut ne purent arrêter la marche de la phthisie, et lorsqu'il nous revint, malgré les illusions dont nous cherchions à nous bercer, il était impossible de méconnaître un changement qui devait s'accentuer chaque jour.

Au milieu du mois de janvier, il dut quitter son travail, et la promenade que la première division du Patronage fit à Lorette, le troisième dimanche de janvier, fut la dernière fois que nous le vîmes au milieu de nous.

Ses forces décroissaient avec rapidité, et le 17 février il se mit au lit pour ne plus se relever. Dans la nuit du 22 au 23, des vomissements de sang plus violents que jamais, attestèrent les progrès qu'avait fait le mal. Deux de ses amis avaient passé la nuit à ses côtés, et leur récit fit au Patronage une profonde impression. A partir de ce moment, il ne se passa plus un jour sans que de ferventes prières fussent adressées pour la guérison de notre cher malade, mais Dieu sait mieux que nous ce qui nous convient et nous devons toujours bénir les voies de sa Providence.

M. le curé de Saint-Vincent-de-Paul fut appelé auprès d'Émile; il put lui donner l'Extrême-Onction, mais ses crachements de sang ne permettant pas d'abord de lui apporter le Saint-Viatique, il n'eut que plus tard le bonheur de recevoir la communion. Dès lors, sa piété qui avait toujours été si vive, eut quelque chose de surnaturel. « Émile, lui disait un de ses amis, offre bien tes souffrances au bon Dieu pour le Patronage. » — « Oh! oui » répondit-il avec un accent dans lequel se révélait toute son âme.

Tout le temps qui s'écoula depuis le 23 janvier jusqu'au 7 avril, ne fut plus qu'un long martyre pour notre ami. Le poumon gauche déchiré, ne pouvant remplir les fonctions de la respiration, il en résultait une suffocation presque continuelle. Jusqu'à la dernière semaine, pourtant, aucune plainte ne sortit de sa bouche. Il conservait malgré tout, l'espoir de sa guérison, et nous le partagions avec lui. On priait si ardemment pour lui que l'on espérait contre toute espérance. « Quand je pourrai me lever, disait-il et que je serai à la campagne, je me rétablirai bien vite. » Il tint longtemps ce langage, et lorsque parfois le sentiment de sa faiblesse et son état de maigreur le faisaient douter de ce rétablissement, les larmes lui venaient aux yeux.

Le moment arriva où aucun doute ne fut plus possible, et où il ne resta plus à demander à Dieu, que la grâce de la résignation à sa sainte volonté. Émile le comprit, et tout son cœur se retrouve dans cette parole : « Mon Dieu, j'accepte de mourir, mais ma pauvre mère !... »

Les souffrances avaient atteint un degré d'intensité auquel il était impossible de résister. Il n'eut pourtant jamais d'autres plaintes à la bouche que ces mots : « Mon Dieu que je souffre ! » — « Oh ! je souffre trop, » ajoutait-il plus rarement.

Dans ces moments même, il s'oubliait encore pour penser aux autres, et ses amis se souviennent avec quel sourire il les accueillait lorsque déjà la parole ne venait plus distinctement à ses lèvres.

Il appréhendait le dimanche des Rameaux et il en fit la confidence le lendemain à une personne qui lui prodigua ses soins pendant sa maladie. Cette confidence, il n'avait pas osé la faire à sa mère de crainte d'augmenter ses chagrins. L'ayant vue pleurer, il s'était écrié avec un accent poignant : « Tu pleures !... Pauvre mère !... »

Ce lundi de la semaine sainte était le jour que Dieu avait fixé pour mettre un terme à ses souffrances. La journée fut coupée d'alternatives de délire et d'assoupissement. Il répéta plusieurs fois : « Il faut que je parte ! » Et son cœur se révélant une fois de plus il ajoutait : « Il faut donc partir tout seul ! »

Vers les six heures du soir, une crise se déclara. S'adressant à ceux qui l'entouraient : « Adieu ceux que j'ai connus, dit-il, adieu les amis, adieu tous ! » A partir de ce moment, il entra en agonie. Le sang qui embarrassait sa gorge rendait sa respiration bruyante et difficile. Deux de ses amis arrivèrent à neuf heures; il les reconnut, et après qu'ils l'eurent embrassé, il retomba dans son assoupissement. Il ne prononça plus que quelques mots sans suite parmi lesquels : « Je m'en vais. » Il appela sa mère, mais sans ouvrir les yeux. Sa dernière parole fut le mot : « Adieu! » répété trois fois d'une voix à peine distincte, et son dernier baiser fut pour une image de la sainte Vierge que l'on avait approchée de ses lèvres.

Sa respiration s'arrêta. Tous ceux qui l'entouraient tombèrent à genoux en pleurant. Deux ou trois râles espacés, terminés par un souffle prolongé annoncèrent qu'Émile avait cessé de souffrir, et que son âme venait de remonter au Ciel. Il était dix heures vingt minutes.

Ceux qui ont été témoins de cette fin ne l'oublieront jamais : ils auront toujours présent le souvenir de cette mort si douce parce qu'elle a été si chrétienne.

Et maintenant, vous, ses amis du Patronage,

gardez religieusement le souvenir de celui qui vous a précédé là-haut, et tout en étant persuadé qu'il jouit du bonheur éternel, ne l'oubliez pas dans vos prières. Ce que vous ferez pour lui, il vous le rendra, et quand sonnera pour vous l'heure de dire adieu à ceux qui vous sont chers, il viendra vous adoucir ce passage. Rappelez-vous bien surtout que pour obtenir la grâce d'une pareille mort, il faut avoir mené une semblable vie. Demandez-lui cette grâce à lui-même : il a été le modèle du Patronage pendant sa vie, il en est maintenant un des anges gardiens.

LYON. — IMP. MOUGIN-RUSAND, RUE STELLA, 3